AF268206

LA
FRANCE

ET LES
ÉVÉNEMENTS ACTUELS

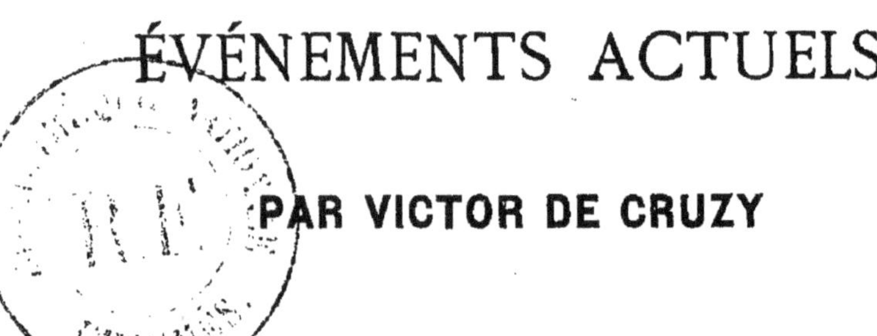

PAR VICTOR DE CRUZY

NOVEMBRE 1870

MONTAUBAN

TYPOGRAPHIE DE VICTOR BERTUOT

PLACE NATIONALE, 9.

L'auteur des quelques pages qui vont suivre, les a tra-
cées sans parti pris ; son seul but est la manifestation
de ce qu'il croit être la vérité, son souhait le plus cher,
la grandeur et la prospérité de la Patrie.

Sa foi est en Dieu ; son dévouement est à la France,
et il est convaincu que rien en dehors de là ne peut
faire une nation glorieuse et de vrais citoyens.

Les rois auxquels l'histoire a donné le nom de
grands ont pu, grâce au génie dont ils étaient doués,
porter à son apogée la gloire de leurs pays : mais eux
disparus, ces mêmes pays, tombant en des mains inha-
biles ou corrompues, ont senti leur gloire décliner, leur
puissance s'anéantir, et finalement la décadence la plus
honteuse effacer, peut-être pour jamais, le souvenir
des anciennes grandeurs.

« Les sociétés ne puisent donc pas leur valeur morale »
« dans le choix glorieusement justifié qu'elles font elles- »
« mêmes de leurs chefs, mais dans l'honnêteté indivi- »
« duelle du plus grand nombre, dans le respect des lois »

« qu'elles se sont faites, et surtout dans l'immutabilité »
« des principes. »

La France traverse pour la quatrième fois, depuis
quatre-vingts-ans, une de ces crises pénibles pendant
lesquelles la vie normale de la nation semble suspendue :
agriculture, cette première nécessité des peuples, le
commerce, l'industrie, sont comme frappés d'impuis-
sance, et n'offrent plus à des milliers de bras les res-
sources nécessaires du travail. Les lois elles-mêmes
semblent se demander si la chute profonde de ceux
qui étaient chargés de les appliquer n'entraînera pas
leur chute plus profonde encore.

Je n'excepterai pas davantage la religion de cet immense affaissement ; non pas la religion dans son
essence indestructible, mais dans son application, dans
ses ministres.

L'indifférence, le mépris, d'un côté ; l'outrage, la
calomnie de l'autre, ont déclaré une guerre acharnée à
tout ce qui est croyances religieuses, au catholicisme en
particulier : espérant par là anéantir le seul principe
qui demeure et demeurera toujours la sauvegarde des
sociétés.

Quelle est donc la cause de ces crises, pour ainsi
dire périodiques, si fatales à notre pauvre France ?

Cette cause est bien près de nous, elle prend sa
source dans l'inconstance et la légèreté de notre carac-
tère national, ainsi que dans les menées ambitieuses des
avides du pouvoir !

La guerre avec la Prusse a été cette fois l'occasion ;
mais le gouvernement qui disparaît l'a préparée de longue main par ses fautes et ses méprises.

C'est d'un côté l'isolement dans lequel le pouvoir
essaie de trouver sa force et sa durée ; de l'autre, l'a-
veuglement ou la corruption de ceux qui le soutien-
nent.

Chaque parti, et ils sont malheureusement nombreux en France, se croit appelé à sauver le pays, à le régéner, puisant tous les moyens en lui même, il écarte systématiquement toutes les idées qui s'agitent au dehors et ne laisse rien.

Quand après cela il se croit au faîte de sa puisssance, quand il se croit sûr de ceux qu'il a le mieux flattés, le plus enrichis, l'heure de la punition arrive, et tout n'est que ruines que désolation autour de lui.

Le règne de Napoléon III, si près de nous encore, mais déjà si loin par les événements douloureux qui se sont succédé en France avec une effrayante rapidité est une preuve éclatante de ce fatal aveuglement.

Dans la politique intérieure, dans la politique extérieure, partout et toujours on retrouve la même persévérance dans un système égoïste, absolu, servi par une volonté sans scrupule : c'est là le premier plan.

Au second, ce ne sont que dévouements aveugles, que satisfactions bruyantes et continuelles. Et finalement la corruption allant selon les circonstances, allant, tantôt des régions supérieures aux régions inférieures, tantôt du sujet au souverain !

Suivons, en effet, Napoléon III dans les différentes étapes de son gouvernement : à l'intérieur d'abord, que voyons-nous ? dès l'origine c'est l'arbitraire qui s'érige en maître par l'étouffement de la liberté individuelle, puis, chose plus grave, par l'étouffement de la liberté collective de la nation qui voit ses députés dispersés.

Plus tard, inauguration des candidatures officielles, frappées comme la monnaie à l'effigie du souverain, silence des chambres, nomination à tous les emplois ; ministres défendant le lendemain sans pudeur ce qu'ils avaient condamné la veille ! Enfin, quand cédant à la pression de l'opinion publique, Napoléon III, semblait concéder de lui-même ce qu'il n'osait refuser, il créait au corps législatif cette majorité aveugle ou complaisante, dont les faiblesses ont causé tous nos malheurs.

. A l'extérieur la politique sans contrôle du maître a été pire encore : à lui seul était réservé le droit de faire la paix ou la guerre, de traiter, de bouleverser en un mot l'équilibre européen et les intérêts des peuples.

Les graves errements d'un pouvoir absolu, dont l'initiative, en fait de guerre, ne devrait être admise que pour le cas de défense, ont eu pour résultat l'unification de l'Italie, l'expédition du Mexique, la catastrophe de Sadowa, l'abaissement de l'Autriche enfin, événements qui ont mécontenté les gouvernements étrangers, les Etats-Unis eux-mêmes, et nous ont jeté sur les bras un ennemi qui nous savait sans alliés par l'indifférence hostile des uns ou la faiblesse des autres.

Le double échec que vient de subir en Italie l'influence française, par l'invasion des états Pontificaux et l'avénement probable d'un prince de la maison de Savoie au trône d'Espagne n'est-il pas d'ailleurs le fruit des intrigues bonapartistes ? Et si l'autorité spirituelle des papes vient de perdre sa garantie nécessaire d'indépendance, quelqu'un osera-t-il dire que cette grande injustice déplorée par l'univers catholique n'est pas l'œuvre personnelle de l'Empereur ?

Quelle responsabilité, grand Dieu ! Napoléon III a osé assumer sur sa tête, et combien plus grande est celle qui l'écrase au moment de sa chute! Ah ! si l'humiliation de la France, si le sang répandu de ses généreux enfants avait pu exciter le moindre remords dans le cœur de cet homme, il aurait cessé de vivre et ne contemplerait pas d'un œil sec les désastres de notre malheureuse patrie : nous laissant son nom comme un grand enseignement, sa mémoire comme un souvenir odieux.

Quelle est maintenant la situation des deux nations belligérantes vis-à-vis l'une de l'autre, et cherchons dans un résumé rapide quelle est l'origine de la guerre.

L'examen impartial des faits qui se sont accomplis en Europe depuis quelques années démontre clairement d'où est partie l'attaque ; les circulaires prussiennes auront beau jeter sur Napoléon III la responsabilité du système des annexions, rappeler les applaudissements prodigués à l'unification de l'Allemagne, on ne pourra jamais voir dans cette confusion d'événements que des idées de conquêtes, qu'une avidité de gloire, envahissant souverains et ministres, avec les peuples pour victimes.

La France, remorquée par son empereur, a donné l'exemple ; il serait absurde de le nier : mais rarement à son profit ; la Prusse au contraire n'a cessé de s'annexer les voisins impuissants à se défendre ; et le but de la guerre actuelle est encore une annexion injustifiable, si ce n'est par droit de conquête, droit inique et incompatible avec la civilisation des temps modernes.

Voyons en effet, dans cette politique de ténèbres et de surprises, au service de laquelle Napoléon III mit toute son âme de conspirateur, si sa maladresse ne fut pas toujours le jouet de l'habileté supérieure de monsieur de Bismark devenu son complice.

Une campagne d'intrigues s'ouvre à Biarritz pour aboutir à Sadowa : le ministre prussien remporte un immense avantage, élude les promesses qui devaient payer sans doute les complaisances napoléonniennes, et sous nos yeux, pour ainsi-dire indifférents, se consomme l'affaiblissement de l'Autriche, qui devrait au contraire balancer en Allemagne les forces de sa rivale.

Là se trouve le point de départ de cette série d'actes audacieux qui ont abouti de la part de la Prusse à la formation de ce tout compacte qui sera bientôt l'empire d'Allemagne et que le roi Guillaume tient sous sa main de fer.

La France pouvait-elle donc voir sans inquiétude cet immense état, toujours en quête d'incidents dangereux, se former à côté d'elle ? et le temps n'était-il pas venu de manifester des craintes que les événements n'ont que trop justifiées, hélas !

Ah ! les hommes d'Etat de Berlin, et à leur tête le Roi Guillaume, ont bien senti que la réaction aurait un jour son heure, et que fatalement les deux nations se rencontreraient dans une lutte horrible, pour régler le compte des ambitions d'un côté, des mécontentements de l'autre ! aussi la Prusse n'a-t-elle rien négligé tout en poursuivant son œuvre d'envahissement, afin de tenter le sort des batailles dans les meilleures conditions possibles.

Bismark a su mener de front la politique et l'armement ; après avoir compté nos soldats, après avoir couvert la France de ses espions, il a pu, le moment venu, dire à l'Allemagne entière : « Allez nous sommes prêts » sans jeter à la face des siens ce mensonge criminel que les chambres françaises ont entendu un jour affirmer solennellement.

Que faisions-nous au contraire pendant ce temps là ? Nous dormions; dans une sécurité trompeuse, les discours, déguisements brillants de l'incapacité politique, succédaient aux discours, les élections de toutes sortes s'entremêlaient avec un plébiscite de triste mémoire, et la ruine de la France se préparait sous le couvert de ces agitations stériles.

Evidemment la Prusse pourra considérer monsieur de Bismark comme son plus grand ministre ; mais qui pourrait nier, parmi les honnêtes gens, l'étendue de sa fourberie politique.

Ce sera bien assez la démontrer que de rappeler la publication des documents diplomatiques qui ont mis l'Europe contre nous en découvrant les tendances ambitieuses de Napoléon III, entretenues, surexcitées par son adversaire lui-même.

L'écrit surnoisement dérobé à la plume de Benedetti, pour prouver la convoitise de nos gouvernants; l'incident Hohenzollern, désavoué le plus innocemment du monde ; le refus enfin de donner à la France une satisfaction légitime, réclamée sans doute trop brutalement, mais qui devait du moins empêcher le choc horrible de deux peuples amis, sont encore des faits à la charge de Bismark.

Mais qu'importent les moyens : Il faut avant tout écraser une rivale désarmée, qui s'effraie de continuels envahissements.

Ah ! l'histoire écrira sans doute un jour, à la honte du roi de Prusse et de son ministre, la preuve évidente de l'hypocrisie qu'ils ont mise en œuvre pour voiler leurs desseins coupables ; de même qu'elle montrera la France essayant de repousser avec deux cent vingt mille soldats l'invasion de huit cent mille allemands, et enlevant ainsi toute idée de conquête de sa part à quiconque n'a pas l'esprit aveugle ou complice.

Non, et cela malgré les affirmations contraires de ses ennemis, le peuple français ne voulait pas entrer en lutte avec l'Allemagne. Il aurait plutôt dit, parodiant le mot de Louis XIV : « il n'y a plus de Pyrénées » n'ayons pas de frontières et que désormais les nations amies ne se déchirent plus entre elles.

Les derniers triomphes de la force, doivent disparaître au 19me siècle pour faire place aux bienfaits de la civilisation ; de même que les souverains ne trouveront la grandeur qu'en se rapprochant davantage d'une perfection relative du gouvernement qui serait pour tous une source de gloire et de prospérité. Les peuples de leur côté doivent se tendre la main et vivre dans cette communauté de sentiments et d'intérêts que donne aux nations la solidarité indestructible de l'alliance chrétienne.

Mais nous n'en sommes point encore là : Les ambitieux de pouvoir et de renommée, les politiques sans cœur, en ont décidé tout autrement. La France et l'Allemagne n'ont pas suffisamment rempli leur tâche. L'une doit détruire, toujours détruire; l'autre payer plus chèrement les fautes de son maître ; toutes deux s'épuiser dans une lutte fratricide !

Le roi Guillaume et son ministre semblent avoir adopté cette devise de l'ancienne Rome qui prétend que *« la plus grande gloire est dans la plus grande domination »* et pour la réaliser, peu leur importe le sacrifice, peut-être de trois, de quatre cent mille hommes quels qu'ils soient. Que peuvent leur faire les ruines accumulées sur le tiers de la France, ces ruines ne les écrasent point. Il faut marcher, toujours marcher, le but n'est pas atteint, la gloire n'est pas complète.

Mais l'Allemagne saura bientôt à ses dépens que la devise de l'ancienne Rome signifie aussi pour les peuples, que la plus grande servitude est dans la plus grande domination. L'histoire nous apprend, à n'en pouvoir douter, que les vastes empires ont toujours été victimes du pouvoir absolu, et n'ont pu subsister que par l'asservissement des intelligences et des volontés.

Quel terme assigner maintenant à l'horrible guerre
qui ensanglante le sol français ? Quel dénoûment suivra
la crise sociale et politique qui a surgi d'une façon tout
à fait inopportune ?

« La guerre d'abord ne peut finir que par une paix où »
« l'intégrité de notre territoire sera respectée. Les con- »
« cessions d'une autre nature doivent être seules la base »
« d'une entente avec la Prusse. Mais il faut le dire ici, »
« sans forfanterie comme sans faiblesse, la paix de l'ave- »
« nir dépendra de la modération dans le présent. »

L'Allemagne vient d'amasser dans nos cœurs une de
ces haines difficiles à éteindre ; ses armées vont semant
partout la ruine et la mort. Les réquisitions les plus
odieuses ont épuisé déjà le tiers de notre territoire ; fau-
dra-t-il ajouter à tous ces désastres, à toutes ces hontes,

la loi impitoyable qui écrase les vaincus ? Non, non; l'Europe ne peut laisser s'accomplir une si grande iniquité. Non, l'Europe ne peut laisser démembrer la France, car un pareil événement contiendrait en germe les plus grands malheurs.

La lutte que nous soutenons n'est pas une lutte égale : lutte de un contre dix, nul ne peut dire qu'elle soit décisive, et la Nation qui s'acharne contre le peuple Français, s'illusionne étrangement, si elle croit que tous les obstacles imaginés par son ministre suffiront à arrêter sur nos lèvres le cri d'indépendance qui signalera le réveil patriotique d'une guerre nouvelle.

La paix semble devenir aujourd'hui pour l'Allemagne fatiguée par ses victoires, comme pour la France surprise de ses défaites, le but vers lequel doivent tendre tous les efforts ? Mais, même au prix des plus douloureux sacrifices, nous ne pouvons laisser entamer nos provinces ; nous ne pouvons souffrir que nos frères d'Alsace et de Lorraine soient détachés de la grande unité Française, alors qu'ils ont si glorieusement scellé de leur sang le lien qui les attache à nous !

En vain objectera-t-on que l'Allemagne a besoin de s'assurer contre nous! La guerre de 1870 prouve surabondamment que le danger de notre voisinage n'est pour elle qu'un prétexte illusoire, et il serait étrange en vérité qu'on osât réclamer, en face d'une pareille catastrophe, les garanties du vaincu pour les exigences du vainqueur.

La modération du roi de Prusse peut seule à cette heure arrêter l'effusion du sang, Comme elle rétablira pour plus tard la sincère alliance des deux peuples en étouffant entre eux l'élément de discorde qui naîtrait de la conquête.

L'abîme qui nous sépare aujourd'hui de l'Allemagne n'est pas encore infranchissable : Dieu veuille qu'il ne s'élargisse pas davantage !

« Le dénouement de la crise sociale et politique que »
« nous traversons dépend surtout de nous; car tous nous »
« devons y apporter le concours personnel et actif. Le suf- »
« frage universel étant en France un principe exclusif et »
« absolu, c'est à lui de fonder un gouvernement sage et »
« éclairé : un gouvernement où toutes les libertés qui ne »
« sont pas la licence pourront marcher de pair avec la »
« stabilité du pouvoir, un gouvernement enfin, qui saura »
« mettre à profit toutes les lumières, utiliser tous les dé- »
« vouements, non pas ces dévouements qui lui sont per- »
« sonnels, mais ceux qui ont pour objectif supérieur le »
« bien de la patrie. »

« Les élections qui ne peuvent manquer d'être pro- »
« chaines doivent nous amener des hommes honnêtes »
« indépendants ; non pas de cette honnêteté factice qui »
« coudoie constamment le code pénal, mais de cette »
« honnêteté scrupuleuse qui ne transige pas. Non pas de »
« cette indépendance qui produit l'opposition systémati- »
« que, mais qui sait admettre le bien partout où il se »
« rencontre, et rejeter le mal s'il vient à se produire. »
« Les hommes au contraire qui n'ont jamais su montrer »
« jusqu'ici dans la vie publique qu'une satisfaction et une »
« confiance sans bornes seraient aussi dangereux que »
« ces apôtres d'une certaine liberté, qui s'affirment par »
« des théories extravagantes où perce le despotisme le »
« plus exécrable, en ce qu'il essaie d'atteindre le citoyen »
« dans ce qu'il a de plus cher, ses croyances religieuses »
« et politiques. »

Pour ces deux dernières catégories d'individus, il s'agit uniquement du triomphe d'un parti ; tout le reste n'est que secondaire, peut-être même inutile.

Tendances malheureuses que les ruines accumulées par vingt ans de pouvoir absolu et de démoralisation systématique devraient effacer à tout jamais.

Sera-ce donc en vain que le génie de nos Pères, s'est

attaché à creuser profondément ce sillon lumineux de gloire et de civilisation qui traverse la longue suite des siècles; et suffira-t-il de quelques heures pour en ternir le dernier éclat ;

Pauvre France ! je te vois, en finissant de tracer ces tristes réflexions, comme un vaisseau désemparé qui n'obéit plus au gourvernail, courir vers l'écueil où doivent sombrer les espérances de ceux qui saluent et reconnaissent en toi leur immortelle patrie ! Encore quelques-unes de ces immenses vagues que soulèvent les fureurs de la mer, et tout le passé glorieux de la nation Française s'abîmera pour toujours.

Mais tout espoir n'est pas perdu ; à la lueur de l'éclair, on a pu voir sur le pont du navire, chefs et matelots, implorant du ciel ce secours que ni la science ni les forces de l'homme ne peuvent leur donner en ce moment suprême. Aussi la tempête bientôt s'apaise, et l'espérance renaît dans ces cœurs qu'étreignaient déjà les angoisses de l'agonie.

TYPOGRAPHIE DE VICTOR BERTUOT, PLACE NATIONALE, 9, A MONTAUBAN.